LA CONQUISTA ESPAÑOLA DE AMÉRICA

CONTADA PARA NIÑOS

RAMÓN D. TARRUELLA
ILUSTRACIONES: MATÍAS LAPEGÜE

LA CONQUISTA ESPAÑOLA DE AMÉRICA
CONTADA PARA NIÑOS
es editado por
EDICIONES LEA S.A.
Av. Dorrego 330 C1414CJQ
Ciudad de Buenos Aires, Argentina.
E–mail: info@edicioneslea.com
Web: www.edicioneslea.com

ISBN 978-987-718-601-7

Primera edición. Impreso en Argentina.
Febrero de 2019. Pausa Impresores.

Tarruella, Ramón
    La conquista española de América contada para niños / Ramón Tarruella. - 1a ed . -
    Ciudad Autónoma de Buenos Aires : Ediciones Lea, 2019.
    64 p. ; 24 x 17 cm. - (La brújula y la veleta)

    ISBN 978-987-718-601-7

    1. Historia Argentina para Niños. 2. Historia de América del Sur. I. Título.
    CDD 980

Cuándo llegaron y qué dejaron

Hay muchos aspectos de nuestra cultura que tienen un mismo origen, que se remonta a muchos, pero muchos, siglos atrás. Algunos ejemplos: el idioma español que se habla en casi todo el continente americano; la religión católica, muchos de los alimentos que comemos a diario y un animal ampliamente popular: el caballo. ¿Y cuál es ese origen idéntico de tantas costumbres tan arraigadas en nuestro continente? ¡Nada más y nada menos que la conquista de los españoles de buena parte del continente americano! Estamos hablando de un dominio que se prolongó durante casi tres siglos.

Todo comenzó en los inicios del siglo XVI, cuando los reyes de Europa se habían enterado de que muy lejos, a miles y miles de kilómetros de distancia, existía un continente, una extensión de tierra que era algo más que un conjunto de pequeñas islas. No conocían su tamaño exacto y, posiblemente, jamás imaginaron la riqueza y su variedad de geografías y culturas.

Menos aún sabían que en buena parte del continente, había civilizaciones tan avanzadas y cultas como la inca o la azteca. Desconocían todo esto.

Lo cierto es que, en un momento dado, los reyes españoles decidieron conquistar y apropiarse de una parte del continente americano. Justamente fueron los españoles los que dieron el primer paso, y se adelantaron a las otras coronas europeas, para adentrarse en América y adueñarse de cada porción de territorio que encontraron a su paso. Para ellos se trataba de un auténtico descubrimiento. Para los habitantes originarios, una auténtica invasión.

De eso y otras peripecias vamos a enterarnos en las próximas páginas. Mientras, tomen un mapa, un lápiz, y hagan de cuenta que todo está por descubrirse, sin límites ni señales previas.

Hacia allá vamos.

Un trazado sobre un mapa incompleto

Todo comenzó con Cristóbal Colón y sus primeros viajes. Hagamos un poco de memoria, remontémonos un tiempo atrás y recordemos, entonces, que aquel navegante genovés un buen día consiguió dinero para emprender un viaje. ¿Dónde se proponía ir? A India, para retomar el comercio con esa parte de Asia. Pero, como Colón tenía la idea de que el mundo era redondo, pensaba que se podía llegar a India haciendo una vuelta entera. Recorrió los lujosos palacios de los reyes de Portugal y de España, una y otra vez y al final consiguió lo que necesitaba: el dinero para emprender su viaje. Fueron los reyes españoles los que lo financiaron, y un día de agosto de 1492, partió con sus famosas tres carabelas: La Niña, La Pinta y la Santa María.

Lo que ocurrió fue que, para sorpresa del propio Colón, se encontró luego de una larga travesía con unas islas pequeñas, cercanas unas de otras. Y cerca de esas islas, lo esperaba una enorme porción de tierra, todo un continente, ¡e inmenso! Era el primer viaje de Colón. Allí comenzó a gestarse la conquista de la que hablaremos en este libro.

Al regresar a España, Colón comunicó la novedad. La noticia llegó también a los reyes de Portugal. Pero pasaron muchas cosas entre los viajes del almirante genovés al nuevo continente y la definitiva conquista. Primero, los reyes de España lo sacaron a Colón del medio, es decir, lo olvidaron y hasta lo metieron preso por no acatar sus órdenes. Digámoslo claro: lo quisieron borrar de la historia.

Pero, de inmediato, apareció un problema. ¿Y cuál era ese problema? Nada menos que Portugal y sus intereses en el continente americano. Ambos países, además de ser vecinos en el extremo de Europa, viajaban por el mundo buscando nuevas tierras, iban a lugares a los que otros no se animaban o desconocían. Portugal, además, era el reinado que más sabía de navegación por esos años. Habían llegado hasta el oeste de África, concretamente a Cabo Verde, y a otras costas de ese continente. Son muchos los que piensan que ya conocían la existencia de un nuevo continente. Y ese nuevo continente era América (aunque todavía no se llamaba así).

Así fue que se reunieron los reyes de España y Portugal, un día de junio de 1494, para dividir el mapa del nuevo mundo y marcar las regiones que le pertenecían a cada corona. Era para evitar futuros conflictos. Buenos vecinos con intenciones de conquistar tierras.

¿Cuál fue el lugar del encuentro? Eligieron Tordesillas, una región de la provincia española de Valladolid. ¿El día? El 7 de junio de 1494. Allí estuvieron los representantes de la reina Isabel de Castilla y del rey Fernando de Aragón, el matrimonio que era la máxima autoridad de la corona española. Y por el otro lado, representantes de Juan II, el rey de Portugal. Con una regla, un mapa y un lápiz, limitaron las regiones que cada una de las coronas podía conquistar y apropiarse.

Pero… si en Europa aún no se sabía qué extensión tenía el nuevo continente, ¿cómo era el mapa que tenían? ¿Había mapas? Sí que los había, dibujados por los primeros cartógrafos, con los pocos datos que tenían. Conocían la conformación de Europa, de parte de Asia y África, pero no así de América. A pesar de que a esos mapas les faltaba una importante cantidad de territorios, el tratado se redactó. Y fue sobre ese mapa incompleto, que dividieron los representantes de estos dos reinos europeos, que se redactó y firmó el famoso Tratado de Tordesillas.

Veamos qué fue lo que establecía.

El continente tiene nuevos propietarios

¿Qué decía el famoso Tratado de Tordesillas? Primero, vayamos un año atrás, a 1493, para mudarnos por un rato al Vaticano, donde ya vivía el Papa, la máxima autoridad de la iglesia en el mundo.

¿Y qué tiene que ver el Papa en esta cuestión?

Recordemos que ambas coronas pertenecían a la religión católica y por eso, los reyes españoles recurrieron al Papa para evangelizar las nuevas tierras descubiertas por Colón, un año antes. La idea era conquistar el territorio hallado y convertir al cristianismo a todos sus nativos. El Papa no pudo más que darles el permiso para apropiarse de esas tierras. El problema fue que no tuvo en cuenta las intenciones comerciales de Portugal en la región.

Por eso, a ese reino le pareció un exceso el permiso del Papa. Fue así que el propio Pontífice vio la necesidad de un nuevo acuerdo, con el que ambas coronas quedaran conformes. Era un esfuerzo para evitar futuros conflictos. Esta es la razón de la creación del Tratado de Tordesillas. Los representantes de las dos naciones de la península ibérica, trazaron una línea imaginaria sobre el mapa que tenían, y esa línea atravesaba todo el océano Atlántico, dividiendo al océano en dos partes. Una zona, la occidental, quedaría en manos de España. Mientras que la otra, la oriental, en manos de Portugal. Esa zona oriental correspondía al actual territorio de Brasil.

El nuevo continente, o lo que ellos conocían del nuevo continente, quedaba en manos de ambas coronas. Y cada una ya tenía definido el lugar a conquistar. Era cuestión de emprender la aventura. Una aventura ambiciosa, y, también, muy arriesgada.

Varios historiadores, años después, definieron al Tratado de Tordesillas como el primer acuerdo internacional en donde dos gobiernos establecían una manera para evitar posibles conflictos. Y lo lograron, las dos naciones conquistaron buena parte del continente americano sin guerras entre ellas.

Mientras los reyes sellaban el tratado, Cristóbal Colón estaba por su segundo viaje, donde descubrió unos cuantos territorios nuevos, por ejemplo, las actuales islas de Jamaica y Cuba, y también otras islas de América Central. Ese segundo viaje demostraba que había mucho, pero mucho por explorar, conocer y descubrir. Lo mismo ocurrió con el tercer viaje, donde llegó al norte de la actual Venezuela, a la punta norte de América del Sur.

Todo lo que se había resuelto en el Tratado de Tordesillas, como en otros posibles acuerdos, era apenas una aproximación, un trazado imaginario sobre una región desconocida para ambos reinos. Pocos se imaginaban que a lo largo del océano Atlántico había un inmenso territorio. Eso ya lo veremos en breve… Pero, continuemos con lo que estaba pasando por esos años.

Mientras Colón se aventuraba por la región de la actual América Central, Portugal preparaba otros viajes, a la zona que el acuerdo decía que le correspondía, mejor dicho, que le pertenecía. En abril de 1500, es decir seis años después del Tratado de Tordesillas, un navegante portugués, casi de casualidad, se topaba, nada más y nada menos, que con el actual territorio de Brasil. ¿Quién era ese navegante? Un tal Pedro Álvarez Cabral, que recorría los mares profundos bajo las órdenes de Manuel I, el nuevo rey de Portugal. Don Pedro Cabral pertenecía a una familia noble, acomodada, y quedó en la historia como el descubridor de Brasil.

¿Y cómo llegó a ese descubrimiento?

El 9 de marzo de 1500 salió desde Lisboa en busca del nuevo camino hacia India, hasta que en abril de 1500 vieron la punta de un pedazo de tierra, que bautizaron como Monte Pascual. Detrás de Monte Pascual, se encontraba el actual territorio de Brasil. Ese mismo territorio que los portugueses dominaron durante más de tres siglos. Luego del viaje de Cabral, llegaron otras expediciones, nuevos navegantes lusitanos que siguieron explorando la zona.

También los ingleses emprendieron viajes por esta región, aunque eligieron a un español para recorrer parte del continente americano. Ese español fue Juan Gaboto, quién le presentó un proyecto a los reyes de Inglaterra para navegar hacia América.

A principios del año 1498, Gaboto partió desde Londres. Recorrió las costas de América del Norte sin encontrar demasiado. Los comerciantes que pagaron el viaje se quedaron bastante disconformes y lo vieron como un fracaso. Gaboto no volvió a trabajar para la corona británica que tampoco insistió con nuevas expediciones. Pero, años después, esa zona del continente, es decir América del Norte, fue dominada por los ingleses.

Entonces, repasando... tenemos a los ingleses que conocieron a las costas del norte de América y que en breve se harían propietarios de esas tierra lo que actualmente es Estados Unidos y parte de Canadá. También estaban los portugueses que descubrieron lo que ahora es Brasil. Y que también se quedaron con esas tierras. ¿Y el resto de América? Precisamente, todo ese vasto territorio quedó en manos de España. Esto no fue de un día para otro, ni mucho menos una tarea fácil. Pero, sigamos recorriendo la historia del continente y veamos quién fue el rey Fernando II y cuánto hizo por la conquista española.

Un rey católico por conquistador

Antes de adentrarnos en el del continente, debemos nombrar al personaje fundamental de la Corona española. Nos estamos refiriendo al rey Fernando II, también conocido como "el Rey católico". Veamos entonces quién era y por qué fue tan importante para la conquista del nuevo mundo.

Cuando Fernando fue nombrado rey, en 1479, España estaba dividida en varios reinos. Por eso, Fernando asumió el trono de Aragón y desde allí buscó unificar al resto del país bajo un solo reinado. Una tarea que, luego de un tiempo, se logró. Pero el rey Fernando II no estuvo solo en su tarea, lo acompañó su mujer, la reina Isabel. Ambos fueron coronados por el Papa Alejandro VI como Reyes Católicos, en el año 1494. ¿Esto qué tiene que ver con la conquista? Hay una importante relación entre uno y otro hecho. Veamos.

El nombramiento el Papa era una manera efectiva de comprometerlos a difundir la religión por todo el planeta tierra. O mejor dicho, por todas las regiones donde estuviese presente España. Y así lo harían en la nueva tierra a conquistar: América. El rey Fernando fue el primero en apoyar la expedición de Colón, aunque luego lo apartó de esa misión y hasta intentó pasarlo al olvido, como ya dijimos.

Fue también el rey Fernando quien tomó la decisión definitiva de apropiarse del continente. Y, como correspondía a su título de rey católico, debía bautizar y evangelizar cada porción de tierra conquistada.

Pero... ¿qué era evangelizar?

Nada menos que convertir a la religión católica a los nativos de esas tierras. Y así fue como se procedió cuando se emprendió la conquista del nuevo mundo.

Fernando murió en 1516, pero la conquista continuó casi tal cual como él la había pensado. Lo reemplazó su nieto, Carlos I, en 1516. También Carlos fue una personalidad importante en la conquista. Había mucho por hacer en el territorio descubierto. Buena parte de ese proyecto ya había sido trazado por Fernando. Pero antes de saber qué hizo Carlos I, sigamos los caminos de la conquista, paso a paso. Hay mucho por contar y esto... recién comienza.

Todavía no había zarpado la legión de expedicionarios en busca de nuevas tierras y riquezas, y sin embargo, se tenía cierta intuición de la importancia de las nuevas tierras. Por los viajes de Colón se sabía que había oro. Nada menos que oro. Pero se sospechaba, se anhelaba, que podían existir más riquezas. Riquezas que rápidamente serían llevadas a Europa.

América era un continente aún desconocido, pero que prometía muchos tesoros. Por eso, en 1503 se creó la Casa de Contratación, con sede en la ciudad de Sevilla. Todo el tráfico con la América española debía pasar por esa nueva institución. Es decir, cada mercadería que llegaba desde el nuevo dominio debía ser registrado en la Casa, además de pagar un impuesto. Y todo barco que zarpara hacia el nuevo continente también debía registrarse allí, además de salir del puerto de Sevilla. Durante más de cinco décadas, la institución acumuló papeles y más papeles. Registros y datos que sirvieron, tiempo después, para conocer cada detalle del comercio entre España y sus colonias americanas.

Los objetivos del rey Fernando en el continente americano iban tomando forma. Ya contaba con una institución que controlaría el tráfico. Pero se necesitaba ampliar los dominios y, para esto, eran necesarios los exploradores, hombres voluntariosos que se animaran a cruzar los mares. Así se buscó y encontró a verdaderos aventureros. Ya veremos quiénes fueron estos hombres y qué fue lo que encontraron en estas tierras.

CAPÍTULO 2

¡A CONQUISTAR Y POBLAR!

Los reyes españoles no tuvieron que esforzarse mucho para encontrar numerosos expedicionarios dispuestos a aventurarse a cruzar los mares. Los barcos comenzaron a unir Europa con América. Algunos aseguraban que las nuevas tierras pertenecían a un continente hasta ese momento desconocido. Otros, no dudaban en afirmar que era una parte de Asia, más precisamente de las Indias Occidentales. Por eso, a los nativos los llamaron indios, es decir, nacidos en India. Nombre que hasta el día de hoy se sigue utilizando, ¡erróneamente!

Los viajes de un continente a otro duraban meses y las noticias tardaban más aun en recorrer el mundo. Sin embargo, al menos una parte de Europa estaba enterada de las expediciones. Al rey Fernando le preocupaban especialmente los viajes de los portugueses. Por eso, se hizo cargo de la situación y actuó en consecuencia.

El plan del rey Fernando

El rey, en su cómoda residencia en Castilla, ciudad situada en el sur de España, ya no estaba tan tranquilo. Era el año 1508. Si bien el Tratado de Tordesillas le aseguraba la propiedad al sur del continente americano, le inquietaban las expediciones de los portugueses. Entonces, se trasladó a la ciudad de Burgos, convocando a una buena cantidad de cosmógrafos que estaban al tanto de los últimos descubrimientos. Allí, en esa misma ciudad de Burgos, les comunicó el plan futuro: conquistar y poblar el territorio americano.

¿Y cómo se llevaría adelante el plan? ¿De qué manera lograrían la conquista si acaso no sabían aún la extensión total del continente? A pesar de todo esto, el rey no titubeó. La decisión estaba tomada. Primero, designó varios gobernadores en las regiones ya conquistadas. Esas primeras posesiones, recordemos, se concentraban en las islas de América Central. El título de gobernador significaba que esos territorios tenían un nuevo dueño: España. O, más precisamente, los reyes de España.

De todas las islas, Cuba era de la que más se tenían noticias, y se sabía que allí había oro, lo que más deseaba y necesitaba el rey. Todas las nuevas medidas estaban destinadas a extraer el máximo de oro posible. Eso mismo le comunicó al nuevo gobernador que designó: Diego Colón.

¿Qué tenía que ver Diego con Cristóbal Colón, con aquel genovés que había llegado por primera vez a esa región?

Diego era el hijo, y por eso mismo reclamaba los títulos prometidos a su padre. Un conflicto que parecía no tener solución.

Antes de continuar con la conquista, vamos a contar cómo fue ese conflicto entre Diego Colón y la corona española. Cuando su padre anunció el descubrimiento de las nuevas tierras, exigió justamente lo prometido por la corona: el título de gobernador de todas las recientes posesiones. Esos mismos títulos exigía Diego, como heredero directo una vez que murió su progenitor. Para resolver el problema, o al menos intentarlo, el rey Fernando lo nombró gobernador de Santo Domingo. No resolvía completamente el conflicto pero, al menos, calmaba los ánimos del heredero del almirante.

En julio de 1509, Diego Colón viajó a Santo Domingo para asumir el nuevo cargo. Pero antes de emprender la travesía, debió escuchar las precisas instrucciones que el rey le asignó.

¿Qué objetivos buscaban esas instrucciones?

La respuesta es la definitiva ocupación y conquista del continente americano.

¿Y qué decían esas instrucciones?

Primero y principal, Diego Colón debía aprovechar al máximo la extracción de oro. Debía mostrar toda su destreza para tal objetivo. ¿Y cómo debía cumplir ese objetivo? Nada menos que fundando ciudades en cada porción de tierra conquistada. Esas nuevas ciudades también fueron un legado que dejó la conquista española. Veamos ya mismo cómo se concretaron.

La fundación de las ciudades

Apenas los exploradores llegaban a nuevos territorios, se dedicaban a estudiar la región, observando los alrededores. ¿Qué era les que los preocupaba? Los riesgos de posibles invasiones de tribus cercanas, o de otras potencias europeas. Y también se buscaban las riquezas a extraer. Si bien el oro era la obsesión, a medida que fueron conociendo el continente, encontraron nuevos tesoros. De esa manera, la fundación de las ciudades era una forma de asentarse en los dominios recientes. Por eso, al conquistador también se lo llamaba "adelantado".

Pero, sigamos viendo cómo los españoles realizaban las fundaciones. El conquistador tenía el permiso del propio rey de España para elegir el sitio, así como también llevar adelante los ritos de la fundación. Porque cada una respetaba una ceremonia. ¿En qué consistía? Primero, el conquistador bendecía la nueva tierra en nombre de la Iglesia y de los reyes de España. La bendición convertía a las nuevas tierras en propiedad de la corona española, y además, se las evangelizaba. Es decir, la bendición las ponía bajo la protección de la religión católica. La ceremonia se realizaba alrededor del conquistador, junto a una cruz puesta a la alto y, si había, un sacerdote que bautizaba los nuevos territorios.

Las primeras ciudades se fundaron en la actual América Central, siendo la isla de Cuba el centro de ese dominio. Se convirtió en la región que los españoles decidieron poblar en primer lugar y en donde el rey nombró a los iniciales gobernadores. Nicolás de Ovando fue el primero de ellos y un poco más tarde le llegó el turno a Diego Colón. A medida que avanzaba la conquista, se repitieron las fundaciones de las ciudades. Muchas de esas ciudades siguen siendo las más importantes de esos países.

Cuando lograron dominar los imperios inca y azteca, en sus territorios se sucedieron también cantidad de nuevas fundaciones. Esto se hacía para proteger a esos pueblos de posibles invasiones y, además, para organizar la explotación de las riquezas. Años más tarde, cuando la conquista se había consagrado, un nuevo rey de España dispuso una serie de medidas para estas nuevas fundaciones.

¿Cuáles fueron esas medidas? ¿Por qué resultaron tan importantes?

Ese nuevo rey se llamó Felipe II y asumió el trono en enero de 1566. Fue el que dispuso que las nuevas ciudades debían fundarse en la plaza mayor, y a sus alrededores tenían que ubicarse las

principales instituciones. El edificio más importante, por esos años, era para la Iglesia. Luego, siempre alrededor de esa plaza, debían estar el Cabildo y el cuartel del ejército. La plaza se convertía, de esa manera, en el centro de la ciudad. Ese fue el mismo formato con que crecieron las ciudades latinoamericanas en los siglos posteriores. Actualmente, muchas mantienen ese diseño: una plaza central y a sus alrededores, las principales instituciones como la escuela, la iglesia, el banco y la municipalidad. Otro legado del paso de los españoles por América. ¡Presten atención a la plaza principal de sus ciudades o pueblos!

Bien, ahora avancemos con la historia que nos llevó a estas páginas. Vamos a conocer al primer religioso que prestó atención a la causa de los pueblos originarios en este continente. Estamos hablando del famoso Bartolomé de las Casas.

El cura que elevó la voz

Volvamos un poco más atrás. Recordemos, entonces, las instrucciones que el rey Fernando II le dio a Diego Colón, al momento de viajar al continente. Entre ellas, fue muy importante la orden real de evitar los abusos y la explotación de los nativos. Algo que con el gobernador anterior, Nicolás de Ovando, había ocurrido a espaldas de la corona española. Los nativos habían sido maltratados, noticia que había llegado a España. Por eso, a Diego Colón se le encomendó cambiar los tratos con los nativos. Un pedido que se repitió a otros conquistadores. Pero ese pedido... ¿se cumplió? ¿Cambió el trato con los pueblos originarios? Poco y nada. Esto lo sabemos por las denuncias de un clérigo notable, Bartolomé de las Casas, luego de su viaje a América.

Antes de continuar, sepamos primero quién era este sacerdote. Se trataba de un español que, en 1502, decidió formar parte de una expedición hacia la actual isla de Santo Domingo, en el corazón de América Central. ¿Qué lo motivó a emprender semejante viaje? Seguramente la necesidad de conocer esas nuevas tierras de las que tanto se hablaba en España. Cuando partió hacia nuestro continente, lo más probable es que jamás haya imaginado lo que lo esperaba en esa región. Y la importancia que tendría su nombre para la historia americana.

En 1512, bajo las órdenes de Diego Colón, partió hacia Cuba para formar parte de la definitiva ocupación de la isla. Durante la conquista, se repitieron los malos tratos con los indios. Esos malos tratos molestaron al cura, a tal punto de abandonar la gran propiedad que le habían dado los españoles. En julio de 1515, aprovechando un viaje al continente europeo, Bartolomé de las Casas regresó a España. Una vez allí, decidió denunciar los abusos cometidos contra los nativos.

En poco tiempo, fray Bartolomé de las Casas se convirtió en un defensor de los indígenas y un denunciante de los abusos de los españoles en los territorios conquistados. A muchos les molestaron sus declaraciones, al punto de pedir su expulsión de España. Otros, en cambio, supieron escucharlo. Tal es así que en septiembre de 1516, pasado más de un año de su regreso al reino, la Casa de Contratación lo nombró protector de los indios. Evidentemente, alguien lo había escuchado y le prestaba atención.

Pero, ¿acaso ese nombramiento cambió el trato que los españoles daban a los nativos?

No hay que pensar mucho la respuesta: claramente, casi nada cambió. El rey Carlos I, que asumió en 1516 luego de la muerte de Fernando II, pareció escuchar las denuncias del cura y le encargó un nuevo plan para la conquista. Y el fray accedió al pedido. Como siempre, reclamó buenos tratos con los indígenas e insistió en que el objetivo de la conquista era la evangelización. El verdadero y único motivo de la apropiación de América, para Bartolomé de las Casas era convertir a los habitantes de nuestras tierras a la religión católica.

¿Y qué fue lo que sucedió con su informe?

El nuevo plan pasó al olvido. La conquista continuó sin reparar en las palabras del cura y siguieron practicándose los mismos malos tratos. Aunque la evangelización realmente se concretó. Es decir, cada tierra conquistada era bendecida y se intentaba convertir a sus habitantes al catolicismo.

Bartolomé de las Casas fue el primero en denunciar los abusos de los españoles en tierras americanas. Sin embargo, poco caso se le hizo. Sus denuncias fueron sintetizadas y reunidas en el libro *Brevísima relación de la destrucción de las Indias*, del año 1552. Un testimonio de lo ocurrido en los primeros años de la conquista y que ninguna autoridad española quiso modificar.

En el próximo capítulo conoceremos un poco más de las civilizaciones americanas, aquellas que encontraron los conquistadores cuando arribaron a nuestras tierras.

Vamos a empezar por conocer el imperio azteca.

CAPÍTULO III

LOS CABALLOS GALOPAN EN EL IMPERIO AZTECA

La primera gran conquista española fue, sin dudas, el imperio azteca.

Pero, ¿qué era el imperio azteca?

¡Nada menos que la civilización más importante (junto con los incas) que existía en América!

Pero hablemos un poco del concepto de civilización.
La podemos definir como un grupo de personas, muy bien organizadas, que comparten unas mismas creencias y costumbres, y que han logrado un importante desarrollo de ciertos conocimientos. Una civilización comparte, además, un mismo territorio.

Veamos qué territorio dominaban los aztecas.

En el momento en que llegaron los españoles, dominaban una gran región, desde el centro del actual México hacia el sur de ese mismo país, hasta llegar al norte de la actual Guatemala. Los invasores desconocían la existencia de este gigantesco imperio. A pesar de que se trataba de una civilización guerrera y con una gran organización, los europeos apenas demoraron cuatro años en conquistar a los aztecas. ¿Cómo fue que dominaron tan rápidamente a semejante civilización? ¿Qué estrategias usaron? ¿Qué sucedió con los aztecas?

Las respuestas a estas preguntas y otros tantos detalles veremos en las próximas páginas.

La intérprete maya

Ya dijimos que en la corona española se había tomado la decisión de conquistar el territorio americano. O mejor dicho, la parte que le correspondía según el Tratado de Tordesillas. Como las primeras incursiones en América Central habían sido exitosas, se animaron a internarse en México. Hacia allí partieron en febrero de 1519. ¿Quiénes fueron? Doce naves, más de 500 hombres y 16 caballos. Todos al mando de Hernán Cortés. Y fue Hernán Cortés quien pasó a la historia como el conquistador de México.

Pero, ¿quién era ese hombre? ¿Por qué fue el elegido?

Hernán Cortés había nacido en un pueblo de Extremadura, en España, en 1485, en una familia modesta, es decir, sin títulos de nobleza. Disconforme con su situación económica, decidió probar suerte en los nuevos territorios, con la intención de hacerse rico, lo que en su país no podía lograr. Primero llegó a Cuba, en 1511, y fue alcalde de una de las ciudades fundadas por Diego de Velázquez, hacía méritos para obtener ciertos privilegios. Y por esos méritos, el propio Diego de Velázquez le encomendó dirigir la expedición a unas tierras que estaban un

poco más al sur de donde ellos estaban asentados. Esas tierras corresponden al actual país de México. Y en febrero de 1519, hacia allí partió Cortés y unos cuantos más.

En el primer viaje, llegó a la isla de Cozumel, ubicada en el mar Caribe. ¿Qué encontraron allí? Nativos. Todos ellos, pertenecientes a la cultura maya, con sus creencias y rituales.

¿Y quiénes eran estos mayas?

Se trataba de una civilización que tenía un amplio conocimiento de la naturaleza, de las matemáticas, y que elaboró un sistema de escritura que pocas culturas tuvieron. Tan es así que dejaron un libro escrito llamado *Popol Vuh*, una recopilación de relatos que intentan explicar los fenómenos naturales, así como también el origen del mundo. Esta obra se sigue leyendo como una recopilación de textos fantásticos, pero que también sirve para aprender sobre la cultura maya. Además, desarrollaron un sistema numérico, donde apareció por primera vez el número cero. Y lograron avances en astrología, conociendo los movimientos del sol y la luna, descubriendo los planetas y bautizándolos con sus propios nombres. Ese conocimiento les permitió crear un calendario propio, muy avanzado para la época.

Y hay más de los mayas. Fueron grandes constructores de ciudades y de obras monumentales, incluso hasta el día de hoy algunas se mantienen intactas. En su momento de mayor apogeo, ocuparon Yucatán, en el sur de México, Guatemala en su totalidad, y parte de los actuales países de Honduras y El Salvador. Cuando llegaron los españoles, estaban en retroceso. Ocupaban unos pocos territorios de Guatemala, ya que habían sido vencidos y desplazados por los aztecas. Fueron esos mayas los que Cortés y sus hombres encontraron.

Se pudieron comunicar con ellos gracias a un intérprete nativo, que viajaba prisionero con ellos. Ese primer encuentro parecía cordial, al menos no hubo enfrentamientos. Pero, de inmediato, Cortés les ofreció abandonar sus creencias y pasarse a la religión católica. Y seguido a la propuesta, destruyó imágenes de los mayas, como para dejar claro el objetivo de esa expedición. En algunos de esos lugares, los españoles dejaron cruces y la imagen de la Virgen María. Semejantes imágenes causaron sorpresa y, a la vez, temor en los habitantes de la isla.

Los siguientes pasos de la expedición resultaron menos cordiales aún. Siguieron por la costa mexicana, territorio desconocido para los expedicionarios. Así encontraron uno de los imperios más imponentes del continente: el azteca.

Pero, ¿quiénes eran los aztecas?

Los dieciséis caballos

Los aztecas, varios siglos antes de que llegaran los españoles, eran una tribu nómade, que deambulaba de un lugar a otro. Fue en el valle de México, en el centro del actual país, donde eligieron asentarse y, desde allí, expandir su dominio. Como otros imperios, su poderío creció a medida que fueron dominando a otros pueblos. Y como otros imperios, eligieron un centro de organización, que también sirvió de sede para las principales autoridades. Ese centro se llamó Tenochtitlán. Como sometieron a otros pueblos luego de derrotarlos en repetidas batallas, tuvieron muchos esclavos, en su mayoría prisioneros de guerra. La preparación militar fue la base de su poder, y siempre mantuvieron una actitud guerrera.

Lo mismo que los incas y los mayas, tuvieron la capacidad de conocer a la perfección la geografía que los rodeaba y aprovecharla para su subsistencia. La base de su alimentación era el maíz. Aunque también cosechaban la calabaza, el ají, el cacao y el tomate. Todos esos alimentos fueron llevados por los españoles a Europa y, con los años, formaron parte de las comidas diarias en aquel continente.

También los aztecas crearon un sistema numérico propio, un sistema vigesimal, así como desarrollaron su propia escritura, algo parecido a los jeroglíficos. Es decir, las palabras se representaban con figuras o símbolos. Y al igual que incas y mayas, inventaron un calendario con sus propias fechas y rituales.

Los aztecas, como la mayoría de las culturas originarias de América, eran politeístas, es decir creían en varios dioses. Sin embargo, tenían una creencia extraña que los distinguía, estaban convencidos que muchos de esos dioses se habían ido y por eso, esperaban ansiosos su vuelta. No se supo si alguno volvió, dando validez a sus creencias. Lo que es seguro es que, en un momento dado, llegaron unos extraños visitantes con armas y animales desconocidos: los conquistadores españoles. Veamos cómo esa creencia facilitó el triunfo de los invasores.

Cuando Cortés y sus hombres llegaron al borde del río Grijalva, se produjo el primer enfrentamiento con los nativos. Se conoció como la batalla de Centla y fue en febrero de 1519. Según contaron algunos cronistas que acompañaron la expedición, en esa batalla se utilizaron por primera vez los caballos.

¿Y por qué se destaca ese dato? ¿Por qué se destaca que había dieciséis caballos?

Estos animales no existían en América y los indígenas se asombraron muchísimo con ellos, por su tamaño y velocidad. Esto llevó a muchos a creer que se enfrentaban a una civilización superior. Los dieciséis caballos resultaron imprescindibles para ganar esa batalla y para la conquista del

imperio azteca y otros territorios del continente. Comenzaba a pensarse que esos expedicionarios, que esos invasores, eran los dioses que regresaban. Eso sí, se trataba de un regreso con otras intenciones.

Luego del triunfo en la batalla de Centla, Cortés fundó Santa María de la Victoria, el 25 de marzo de 1519, siguiendo los ritos que se habían hecho costumbre en el resto del continente. Era la primera ciudad que los españoles fundaron en territorio de México.

Bien, vamos hacia el interior de ese país y veamos qué más sucedió.

Malinche, la leyenda

De la conquista española en América se han contado infinidad de historias. Una de las más conocidas fue la leyenda de Malinche.

¿Por qué fue la más conocida? ¿Qué tiene que ver con el imperio azteca?

Como vimos recién, la batalla de Centla fue ganada por los conquistadores, y como gesto de paz, los aztecas les ofrecieron oro y mujeres. Según se ha contado, se entregaron unas veinte mujeres. Una de esas ellas fue apropiada por el mismo Hernán Cortés. Los españoles la llamaban doña Marina y para los indios era Malintzin. Lo cierto fue que esa mujer y Cortés tuvieron un hijo al que llamaron Martín. Doña Marina o Malintzin, en los siguientes pasos de la conquista, sirvió como traductora entre los españoles y los nativos. Por lo tanto, se volvió una figura importante para la definitiva conquista por su capacidad de interpretar a los indígenas. Algunos entendieron que era una traidora y, por eso, su historia fue conocida como "La Maldición de Malinche". Para otros, no fue sino un ejemplo de la integración de los españoles con los pueblos conquistados.

Pero sigamos. Cortés y sus hombres continuaron internándose en el centro de México, y para tal aventura contaron con el apoyo de algunas tribus nativas.

¿Y por qué prestaron su ayuda otros indígenas?

Cuando los españoles llegaron a los pueblos de Quiahuiztlán y Cempoala, se contactaron con los totonacas, unas tribus que trabajaban bajo las órdenes de los aztecas. Es decir, vivían bajo su dominio. Cortés tuvo la gran idea de darles la libertad, eso sí, siempre y cuando los ayudaran en su guerra contra el enemigo común. Así aumentó su ejército. Los totonacas, entonces, colaboraron con Cortés para dominar y conquistar a los aztecas. Pusieron a su disposición más de mil guerreros a cambio de la definitiva liberación.

Sin embargo, esta no fue la única vez en que tribus nativas colaboraron con los españoles. Cortés tuvo la ayuda de otras como los tlaxcaltecas. Y en la conquista del imperio inca también contaron con la ayuda de indígenas de la región. Pero eso lo veremos en el capítulo siguiente.

Lo cierto es que en, agosto de 1519, Cortés y su ejército con miles de totonacas emprendieron, confiados, la marcha hacia Tenochtitlán.

¿Y qué era Tenochtitlán? ¿Por qué se encaminaron hacia allá con tanta decisión?

Se trataba de la capital del imperio azteca, si la tomaban era casi como vencer definitivamente a los aztecas.

Mientras Cortés avanzaba hacia la capital del imperio, ¿qué hacían los aztecas? ¿Sabían de semejantes intenciones? Parece que Moctezuma, su gobernante, algo sabía. Y al enterarse del avance del ejército conquistador, mandó una serie de ofrendas y de otros tantos regalos para que los invasores cambiaran de rumbo. Pero ninguna de las ofrendas pudo modificar el objetivo de los conquistadores. Finalmente, en noviembre de 1819 llegaron a la capital del imperio.

Al principio, el encuentro entre las autoridades aztecas y los españoles fue cordial. Y fue tan cordial que hubo saludos y hasta se intercambiaron regalos. Entre los de los aztecas, había oro. Otra vez, el bendito oro. Y, como ya vimos, a los españoles el oro les quitaba el sueño. Entonces Hernán Cortes y sus hombres se lanzaron a buscar el precioso metal por todos los rincones de la ciudad. Y lo encontraron. Además, durante la búsqueda, iban saqueando los templos y ponían allí imágenes cristianas. La idea de evangelizar iba de la mano de la de extraer riquezas. Así fueron los primeros días de los invasores en la capital azteca.

Pero todos esos abusos tuvieron una respuesta inmediata. Los nativos se rebelaron y se indignaron cuando asesinaron a Moctezuma, en junio de 1520. Nunca se supo cómo ocurrió la muerte del gobernante de la nación, ni menos aún quién lo ultimó. Lo cierto fue que ese asesinato provocó una gran furia y por eso, Cortés y sus hombres debieron fugarse de Tenochtitlán. Pero no les resultó fácil hacerlo. Hubo muchos muertos, soldados capturados y hasta el mismo Cortés fue herido en la mano, salvándose casi de milagro de una herida mortal. Era la reacción de un pueblo indignado.

Pero la reacción de los españoles no se haría esperar mucho.

El regreso de Cortés

Los españoles permanecieron un tiempo curando a los heridos y reponiendo energías en Hueyotlipan, que actualmente es una región del estado mexicano de Tlaxcala. En ese tiempo de reposo, Cortés no hizo otra cosa que planear el regreso a Tenochtitlán. Para concretarlo contaba con el apoyo de los tlaxcaltecas. También llegaron refuerzos de los españoles que se habían establecido en Cuba y Jamaica que arribaron en barcos, para bloquear todo acceso a la capital del imperio.

A inicios del año 1521, Cortés ordenó una nueva y larga marcha hacia Tenochtitlán, que resultó mucho más complicada de lo pensado. Tan es así que el conquistador nuevamente estuvo a punto de perder la vida.

El avance hacia los límites de la capital resultó más o menos sencillo. Enfrentaron guerras pequeñas donde los invasores resultaron vencedores, siempre contando con el apoyo de los pueblos locales y de los refuerzos que habían llegado. Al llegar a Tenochtitlán, comenzó el sitio. ¿De qué manera? Primero, cortando el acceso al agua e interrumpiendo el contacto con otras poblaciones. El asedio se extendió durante tres meses y, cuando pareció que todo estaba definido, se emprendió el definitivo ataque a la ciudad. Fue cuando todo comenzó a complicarse. El primer avance terminó en una dura derrota de los invasores, muchos de ellos fueron tomados prisioneros. El propio Hernán Cortés fue salvado por Cristóbal de Guzmán, quien sí cayó en manos de los nativos. Los aztecas aplicaban viejas formas de castigo a los que atrapaban en la guerra: les sacaban el corazón para ofrecerlo a su dios, y con sus pieles cubrían sus estatuas y templos. Como estamos viendo, mucha sangre se derramó en la conquista de México.

Pero eso no hizo retroceder a los españoles. El nuevo avance fue comandado por Pedro de Alvarado, otro conquistador que estaba al lado de Cortés. Finalmente, en agosto de 1521, cayó la capital del imperio azteca. Más sangre se derramó por la tierra. Según se calculó, en esos últimos enfrentamientos asesinaron a unos cuarenta mil indígenas . Y ese cálculo lo hicieron los propios conquistadores.

¿Y cómo continuó esta historia?

Apenas dominaron Tenochtitlán, los invasores celebraron en uno de los palacios una gran cena con mucho vino y comida. Luego de los festejos, fundaron una nueva ciudad sobre la existente, con la ceremonia religiosa de siempre. Desde ese momento, la antigua capital pasó a llamarse México, nombre que lleva el país que incluye casi todo ese territorio.

Apenas finalizada la celebración y los rituales de la fundación, a pedido de Cortés salieron en busca de más oro. Estaban seguros de que estaba oculto en algún lugar y de a poco fueron encontrando grandes cantidades, así como también otras riquezas. Una parte de ellas fue enviada a España, tal como se habían comprometido con los reyes. Pero… algo pasó en ese viaje hacia Europa, algo así como una aventura de piratas. Cerca de las islas de Azores, en medio del océano Atlántico, los barcos que cargaban el oro saqueado en México, fueron atacados y robados por corsarios franceses al mando de Jean Fleury. Pero, ¿quiénes eran los corsarios? Nada menos que ladrones de barcos o piratas, pero que contaban con el permiso, y a veces con la ayuda, de los gobiernos europeos. Así fue que parte del oro robado al imperio azteca terminó en manos de Fleury y sus hombres.

Los españoles ya habían controlado la capital del imperio pero les quedaban otras tantas ciudades y pueblos por conquistar. Y hacia allí se encaminaron. Los pasos siguientes fueron dominar lugares como Michoacán, Oaxaca, Chiapas y Veracruz. Pero la conquista más dificultosa, y por eso la más importante, sin dudas fue Tenochtitlán.

Tal como vimos, el triunfo sobre el imperio azteca fue uno de los hechos más importantes de la colonización española. Por la magnitud del adversario, por sus complicaciones, por la sangre que se derramó, por la posición geográfica. Pero… ¿les pareció muy complicada? ¿Creen que fue el último problema que debieron enfrentar los españoles? Aún nos queda por ver lo que ocurrió con el imperio inca. Otra invasión con muchas batallas y, también, con muchas muertes.

Veamos, a continuación, cómo fue esa conquista.

CAPÍTULO IV

La conquista del Imperio inca

Ya vimos cómo los españoles comenzaron a enviar a expedicionarios, conquistadores, religiosos y comerciantes a nuestra América. Todos ellos llegaban para apropiarse de todo lo que encontraban a su paso. Pero seguramente jamás ninguno de ellos imaginó que en el sur, encontrarían un nuevo imperio, tan extenso y avanzado como era el de los incas. Un imperio que no les resultó nada fácil conquistar. Entre el momento en que llegaron al lugar e hicieron contacto con las autoridades incas, y hasta que lograron dominarlos definitivamente... ¡tardaron cuarenta años! Sin dudas, se trató de la tarea más difícil de toda la conquista española. Ahora, veamos quiénes fueron los responsables de semejante hecho. Y veamos también, qué estaba pasando dentro de la nación inca.

El imperio que nunca termina

Vamos a hablar de Francisco Pizarro, el español que pasó a la historia como el conquistador del imperio inca. En su juventud, había participado en las guerras que España mantuvo contra Francia, hasta que un buen día conoció la ciudad de Sevilla. Y otro buen día, salió rumbo a América, en una expedición que se dirigía a la isla La Española, en medio de América Central, donde actualmente están República Dominicana y Haití. Eso fue en el año 1502. En ese entonces, estaba bajo el mando del conquistador Nicolás de Ovando y se radicó por un tiempo en estas tierras . Tanto es así que recorrió buena parte de América Central buscando, especialmente, riquezas. El continente aún seguía siendo un misterio para los españoles.

Y de tanto andar y andar por esa región, le llegó la información de que en el sur del continente había una importante y poderosa civilización. Según el rumor, esa civilización dominaba una gran extensión de territorio. Y era cierto. Entonces, en 1524, Pizarro buscó dos socios que lo ayudaran en una futura expedición. Ellos fueron Diego de Almagro y Hernando de Luque. La decisión estaba tomada, contaba con dinero y sobre todo, tenía el permiso de la corona española. Así comenzó la conquista del Imperio Inca.

Pero al poco tiempo del inicio del viaje, se le presentó una primera dificultad: muchos de los hombres que formaban parte de su expedición quisieron desertar.

¿Qué había pasado?

El viaje hacia el interior de América del Sur presentaba una serie de riesgos climáticos. Se trataba de una geografía desconocida y con clima muy hostil. Así fue que, en esa primera expedición, muchos hombres cayeron enfermos, algunos de ellos muy graves. Esa fue la razón de que muchos soldados renunciaran a continuar la aventura. ¿Y qué hizo Pizarro? Reunió a todo el ejército en la Isla de Gallo, en la actual Colombia, y sobre la tierra, trazó una línea con su espada, ordenando lo siguiente: de un lado debían ubicarse los hombres que querían continuar la expedición. Y del otro, los que querían desertar. Sólo trece decidieron seguir. ¡Sólo trece hombres! Pizarro necesitaba, sí o sí, refuerzos. Así fue que esperaron, en ese mismo lugar, durante cinco meses, el envío de nuevos soldados. Cinco meses en los que padecieron ataques de los nativos y sufrieron hambre. Cinco meses sin saber si podían continuar la aventura o si morirían allí mismo.

Pero los refuerzos llegaron. Venían directamente desde Panamá, bajo las órdenes de Bartolomé Ruiz. El mismo día en que esa nueva expedición se encontró con Pizarro y sus treces hombres, retomaron camino hacia el interior del continente.

Una larga travesía los esperaba. Encontrarían un gran imperio, de una extensión jamás imaginada por los españoles. Claro que tampoco los incas intuían que una expedición de conquistadores intentaba invadirlos. Pero... ¿qué es lo que pasaba allí? ¿Qué era el Imperio Inca? ¿En qué situación se encontraba en esos años? En el momento en que llegaron los españoles, las autoridades estaban en plena lucha para ver quién ocupaba el máximo cargo del imperio. Sin dudas, esto facilitó a la conquista. Pero no nos adelantemos. Conozcamos un poco esa maravillosa civilización americana

Recorriendo el océano Pacífico

Si tomamos un mapa de América del Sur, prestemos atención al océano Pacífico. En el siglo XVI, los incas se extendían desde la actual Colombia, pasando por una parte de la selva amazónica y llegando al centro oeste de Argentina. El imperio recorría el Pacífico, con un dominio absoluto en cada uno de esos territorios. En su momento de mayor apogeo, ocupó Colombia, Ecuador, Perú, Bolivia y parte de Chile y Argentina. Una extensión comparable a los imperios más poderosos de la historia.

Pero ¿quiénes eran los incas?

El fundador de esta civilización fue Manco Cápac, tres siglos antes de la llegada de los europeos. El jefe Inca era la máxima autoridad del imperio, algo parecido a un emperador o a un monarca. Vivía en Cusco, actual provincia de Perú. Y desde Cusco, ubicado justo en el centro de sus dominios, las autoridades supieron gobernar todo su territorio.

Se expandieron sometiendo y sojuzgando a otros pueblos originarios. Comenzaron conquistando los más cercanos, para saquearles sus pertenencias. Es decir, los incas como cultura dominante, impusieron sus costumbres y, especialmente, su lengua. Crecieron territorialmente de la misma manera que lo hicieron otros tantos imperios: a través de la conquista.

Volvamos al jefe inca. ¿Cómo y con quién gobernaba? Estaba acompañado por una gran cantidad de funcionarios que se ocupaban de la organización del imperio. Y para uno tan extenso, se necesitaban muchos funcionarios en diferentes lugares y, sobre todo, que fueran obedientes. Así, en cada comunidad había un cacique que llevaba el nombre de "curaca". Entre éste y el jefe máxima inca, había otras tantas autoridades que permitían mantener el control en todo el extenso territorio. Y vaya si lograron ese control.

Hasta que, un día, llegaron los españoles.

Pero, volvamos al tema de la organización. Como ya hemos dicho, era fundamental para mantener el control en el imperio, que ocupaba muchos pero muchos kilómetros.

Y entonces... ¿cómo sabían lo que estaba ocurriendo en un extremo y otro? ¿De qué manera se comunicaban internamente?

Esto se logró con un notable ingenio: se había creado una suerte de correo humano, por medio de jóvenes corredores que esperaban en puntos determinados, a los que se les comunicaban las novedades. Éstos partían inmediatamente hasta el lugar en donde los esperaban otros corredor de y se repetía el procedimiento, hasta que uno de los chasquis llegaba a destino, tal era el nombre con que se conocía a estos correos humanos. De esta forma, las noticias circulaban velozmente y eso posibilitaba que las órdenes del Inca no demoraran en comunicarse, la base para un efectivo control gubernamental.

Páginas atrás, vimos la sabiduría y los avances de los aztecas, otro gran imperio del continente. Ahora, detengámonos en la sabiduría de los incas, inimaginable para los españoles y para los europeos en general.

Nadie sabía más de su geografía que los incas. En eso, también se parecían mucho a los aztecas. En eso y en tantas otras cosas, como iremos viendo. Sabían matemáticas, todo lo referente a la agricultura y poseían amplias nociones sobre astrología. Desarrollaron un lenguaje propio, el quechua, que actualmente se sigue hablando en varios países como Perú, Bolivia y el norte de Argentina. Esa era la lengua oficial del imperio inca, el que se impuso a todas las tribus que cayeron bajo su dominio.

En agricultura, por ejemplo, fueron capaces de superar las dificultades que tenían para cultivar. Conocían doscientas variedades de papas, además de cosechar otra gran cantidad de vegetales. Si de algo no se iban a morir sería de hambre. Sin dudas que aprovechaban al máximo su territorio.

Y fueron también grandes arquitectos. Al sur de Perú, sobre la zona de la cordillera, construyeron un centro ceremonial al que llamaron Machu Picchu, que en quechua significa "montaña vieja". Una monumental obra, casi única en el mundo. El Imperio inca, como estamos viendo, no era sólo conquistas y extensión territorial. También lograron un gran desarrollo cultural. Supieron curar enfermedades con su propia medicina, con técnicas que no necesitaban de tecnología, elaboradas con plantas y vegetales de su propia tierra. Gracias a sus conocimientos de matemáticas, diseñaron un sistema decimal, como el que también utilizaron los aztecas. En cuanto a la astrología, inventaron un calendario, por lo que tenían un registro propio del paso del tiempo. Todo su conocimiento lo desarrollaron experimentando con la naturaleza, y guiados por sabios que pasaron años y años observando su geografía. De la relación diaria con su entorno, estos sabios obtuvieron todos sus conocimientos, para luego aplicarlos al resto del imperio.

Y hay otra coincidencia con los aztecas: su religión. Los incas también eran politeístas, es decir, creían en muchos dioses que provenían de la propia naturaleza. El más importante era el dios sol, denominado "Inti". Adoraban también a la luna (mama killa), a la madre tierra (Pachamama), y a tantos otros fenómenos naturales. Establecieron un vínculo con el medio ambiente muy diferente al del mundo occidental de los españoles. Ni mejor ni peor, simplemente diferente. Con los aztecas, fueron las dos civilizaciones más importantes del continente, dos civilizaciones únicas y diferentes a las del resto del planeta Tierra. Con ellos se encontraron los conquistadores, al adentrarse en el interior de América. Y a ellos quisieron conquistar. Lo lograron con muchas dificultades, como ya vimos que pasó con los aztecas.

Pero, veamos el encuentro de esta gran civilización con los españoles.

Cuando los hermanos se pelean

Ya vimos la importancia del imperio inca. Pero para entender cómo fue que los españoles conquistaron a una civilización tan avanzada, debemos conocer qué estaba pasando en su interior en el momento en que llegaron Francisco Pizarro y sus hombres. Aclaremos que nada fue fácil para ellos.

Cuando la expedición invasora se internó en el continente americano, los incas estaban en plena guerra civil. Había muerto su jefe, Huayna Cápac, y no estaba definido quién lo reemplazaría. Se decía que este jefe inca había tenido más de quinientos hijos. Pero eran únicamente dos los que se disputaban el poder. Esos dos hijos se llamaban Atahualpa y Huáscar, que en vez de llegar a un acuerdo, comenzaron una guerra con la intención de apoderarse el máximo cargo del imperio. Esa lucha duró tres años y fue aprovechada por los españoles para cumplir su objetivo: conquistar y desmantelar a la nación inca.

Finalmente, el 16 de noviembre de 1532, conquistadores y nativos se encontraron en Cajamarca, en el actual territorio de Perú. De un lado, Pizarro, y del otro Atahualpa, quien había logrado vencer a su hermano Huáscar.

¿Y cómo terminó ese encuentro?

Digamos que los españoles no se comportaron de manera muy decente. Apenas se vieron, Pizarro ordenó detener a Atahualpa. Una auténtica traición. A esta detención le siguió una matanza de las autoridades incas que lo acompañaban. En Cajamarca, en pocas horas, hubo una masacre. Se calcula que fueron dos mil los incas asesinados. ¡Dos mil muertos en el primer encuentro entre esas dos culturas en esta región de América! Ese día pasó a la historia como la caída del Tahuantinsuyo. ¿Qué es el Tahuantinsuyo? Así se le llama a

todo el territorio dominado por el Imperio inca. Es una palabra quechua y significa "las cuatro regiones o divisiones".

Pero los españoles no se conformaron con detenerlo y quitarle el título de jefe inca. Meses después, Atahualpa fue asesinado. Los invasores mostraban que no tenían intenciones de dialogar con nadie. Sólo querían conquistar. Y obtener el máximo de oro y riquezas posibles.

Desde Cajamarca, las tropas de Pizarro avanzaron con paso firme hacia el interior de la gran nación inca.

Oro a cambio de libertad

Detenido Atahualpa, el objetivo español parecía más fácil de alcanzar. Pero... ¿realmente fue así de fácil? No parece, ya que era necesario conquistar el corazón del imperio, estamos hablando de Cusco. Pero hubo muchas dificultades para llegar a esa ciudad, por varios motivos que en breve veremos.

Apenas se apropiaron de Cajamarca, también lo hicieron de todo el oro que encontraron a sus alrededores, además de la plata y de otras riquezas que ofrecía el territorio inca. Cuando Atahualpa descubrió la avaricia de los invasores, les ofreció una cantidad de oro a cambio de su libertad. Los españoles aceptaron el canje y Atahualpa se dispuso a pagar lo acordado. Pero, pareció no haber aprendido de la traición anterior de su captores. Con la idea de conseguir su libertad, les indicó un templo donde había una importante cantidad de oro, en Pachacámac, actual región de la provincia de Lima. Una expedición al mando de Hernando Pizarro, hermano de Francisco, se dirigió hacia el templo para saquear el oro conservado en ese lugar, pero no se conformaron y también saquearon toda la riqueza encontrada en el lugar y, además, quemaron los objetos santos con que los incas celebraban sus ritos. Resultado: Atahualpa siguió detenido y los españoles robaron más oro y riquezas. Nuevamente, los conquistadores no cumplían con su palabra.

Pero los invasores continuaban con su idea fija de llegar a Cusco. Para esto, Diego de Almagro llegó con refuerzos, se trataba de otro conquistador que se sumaba al viaje hacia el corazón del imperio. En enero de 1533, Almagro junto a 150 hombres y 84 caballos, llegaron al puerto de Manta, actual territorio de Ecuador. Dos meses después, ¡nada menos!, alcanzaron Cajamarca. Pero el encuentro entre Almagro y Pizarro no sería del todo amable. ¿Cuál era el problema? Muy simple: el oro, siempre el oro. Al llegar a Cajamarca, Almagro se enteró de que no le tocaba nada de lo que se había obtenido. Nada de nada. El botín sería repartido entre los hombres cercanos a Francisco Pizarro, además del porcentaje que correspondía a la corona española. Y para entregar esa parte, Hernando Pizarro viajó a España, en junio de 1533. Mientras, Almagro seguía refunfuñando por el oro que nunca recibió.

Como ya habíamos anticipado, finalmente el 26 de julio de 1533, asesinaron a Atahualpa. Habían logrado obtener una importante cantidad de oro, en parte gracias a las indicaciones del propio jefe inca al que, sin embargo, nunca se le concedió la libertad. De esa manera se terminaba con una dinastía. Nunca más, ese territorio tan grande, esa civilización con conocimientos tan diversos y avanzados, tendría un gobernante nativo.

Ahora había que conquistar Cusco. Hacia allí partió el ejército conquistador, en agosto de 1533.

Próxima parada: Cusco

Francisco Pizarro ya era rico, gracias a todo el oro apropiado durante su paso por Cajamarca, además de las tierras que también le fueron adjudicadas. Era un hombre poderoso en tierras lejanas y extrañas. Pero quería más, mucho más: quería conquistar todo el imperio inca. El 11 de agosto de 1533, 400 hombres, bajo su mando, fueron en busca de ese objetivo.

El camino a Cusco fue largo y con muchas sorpresas. Por ejemplo, una fue que contaron con la ayuda de algunos pueblos de la región.

¿Y por qué los nativos colaboraron con un ejército conquistador?

Todos habían sido dominados por los incas tiempo atrás y, como ya vimos, esos pueblos habían sido duramente sometidos. Entonces, por el sólo hecho de terminar con esa dominación, fueron capaces de colaborar con los españoles. Así las cosas, fueron ayudados por los huancas, que se concentraban en el valle de Huancamayo, en el actual departamento de Junín, en Perú. Los huancas venían luchando por liberarse de los incas hacía años. Ellos también se ilusionaron con la libertad y colaborando con los invasores, desconociendo las intenciones de Pizarro y sus hombres.

Pero había muchas formas de colaboración. Por ejemplo, indicando caminos secretos, ayudando a encontrar los refugios de los incas o aprovisionando a los invasores con alimentos y alojamiento en lugares desérticos. El dominio inca había sido muy duro para algunas tribus y por eso, ayudaban a un ejército desconocido. Y los españoles supieron aprovechar esa ayuda, ya que más allá que contaban con caballos y mejores armas, el interior de Perú les era muy pero muy desconocido. El clima, los peligrosos caminos que aparecían a cada tramo, la propia naturaleza. Nada mejor que tener la amistad de los nativos que conocían cada rincón de la región.

Pero lo que jamás imaginaron Pizarro y sus hombres, fue la visita que tuvieron el 14 de noviembre de 1533. Ese día se hizo presente, sin anunciarse antes, Manco Inca Yupanqui, ¡sin que nadie lo obligara!

¿Y quién era Manco Inca?

Nada menos que uno de los tantos hijos de Huayna Cápac. Recordemos que Huayna Cápac había muerto tiempo antes de la llegada de los españoles y sus dos hijos iniciaron una lucha por quedarse con el imperio. Manco Inca había logrado huir y salvar su vida durante la lucha entre sus hermanos. ¿Y con qué intenciones se presentó ante el ejército español? Para colaborar a combatir la resistencia inca. No había olvidado que esa resistencia le había sido fiel a Atahualpa, el mismo de quien él había huido tiempo atrás. Todo un enredo familiar y de poder, en medio de un ejército que llegaba para invadir la nación originaria.

Al principio, Pizarro desconfió de su presencia y, sobre todo, de su colaboración. Pero de inmediato, lo pusieron bajo su mando. Y así fue que Manco Inca y el ejército invasor, al poco tiempo lograron llegar a Cusco. Al fin estaban en al corazón del imperio. ¡El objetivo tanto tiempo anhelado!

¿Y qué hicieron una vez que encontraron e ingresaron a Cusco? Lo mismo que hicieron en otros lugares sagrados del imperio. Saquearon todas las riquezas, siendo el oro lo más buscado. Y encontraron mucho pero mucho oro. Y cuando llegaron al Templo del Sol, un lugar venerado llamado Coricancha, también lo saquearon, sin respetar las creencias de la otra cultura. Destruyeron y robaron templos, palacios imperiales y todo lo que encontraron en su camino. El 23 de marzo de 1534, Pizarro fundó otra ciudad de Cusco bajo los rituales católicos y jurando fidelidad a la corona española. De esa manera, el centro del imperio más grande de América, desde ese día del año 1534, pasaba a manos europeas

Por su parte, Diego de Almagro seguía su campaña por la costa de Perú, queriendo llegar al actual territorio de Ecuador. El 28 de agosto de 1534 fundó la ciudad de Quito, actual capital de aquel país. Y igual que hacía su colega Pizarro, la fundación se realizó con los ritos católicos de siempre y también quedó bajo el poder de la corona española.

Pero la conquista de Quito no resultó nada fácil. La principal resistencia la llevó adelante el jefe inca Rumiñahui, que atacó al ejército invasor varias veces y en diferentes regiones. Hasta que en junio de 1535, Rumiñahui fue vencido, capturado y asesinado. De esa manera, terminaba la principal resistencia en esa región. El Imperio inca, en casi toda su extensión, quedaba bajo el mando de los españoles. Aunque quedaba un capítulo más en esta larga lucha entre invasores y nativos. Este último capítulo lo llevó adelante el propio Manco Inca, el mismo que se había presentado por su cuenta al campamento de Pizarro. Sería el responsable de una nueva resistencia que enfrentó a los conquistadores.

Veamos esa historia, también llena de traiciones, batallas y derrotas.

Las últimas batallas

¿Cómo fue que Manco Inca pasó de ser aliado de los españoles, de un día para otro y por decisión propia, para luego terminar combatiendo contra ellos?

Bien, comencemos a explicar esta aparente contradicción..

Cuando el ejército invasor conquistó Cusco, Pizarro le otorgó a Manco Inca un título de monarca. A ese título se lo llamó Sapa Inca. ¿Y qué significaba respecto del poder efectivo? No mucho, en verdad. Tenía el valor de ser la mayor autoridad entre los incas, pero siempre subordinado al mando de los españoles,

que eran realmente los que mandaban. El título le fue otorgado como una suerte de recompensa por la ayuda a la conquista del imperio. Pero de inmediato, Manco Inca se arrepintió de ser "colaboracionista". Esto ocurrió cuando vio con sus propios ojos cómo los hombres de Pizarro emprendieron el saqueo y la violación a todos los rituales y templos de su nación. Fue así que en febrero de 1536, con la promesa de traer la estatua de Huayna Cápac a Hernando Pizarro (recordemos el hermano de Francisco) se fue de Cusco para no volver más o, mejor dicho, para volver a luchar contra los españoles. Veamos qué pasó entonces con el Manco Inca rebelde.

Primero, se refugió en el valle Yuncai, en la actual sierra de Lima. Allí mismo organizó un ejército numeroso, deseoso de enfrentarse con los crueles conquistadores, que contaba con veinte mil hombres. Emprendió la marcha nuevamente hacia Cusco, en agosto de 1536. Llegaron sin contratiempos y pusieron sitio a la ciudad. Pero no sólo querían recuperarla, también aspiraban a tener a Lima nuevamente en su poder. Manco Inca creía que, si dominaba ambas ciudades, podía recuperar el imperio y expulsar a los europeos. Se sucedieron varias batallas muy sangrientas para los dos bandos. Todo parecía indicar que los incas recuperarían su nación, más aún cuando llegaron triunfantes a Lima. Sin embargo, allí hubo una sorpresa. No había ejércitos españoles cercanos. ¿Dónde estaban los hombres de Pizarro? ¿Habían huido?

Nada de eso. De un momento a otro, los incas recibieron ataques desde diferentes puntos, de manera sorpresiva y muy certera. En poco tiempo, Lima había sido recuperada por los conquistadores. Era evidente que se habían escondido para atacarlos por sorpresa. Por eso, de inmediato avanzaron hacia Cusco y también la recuperaron. El ejército de Pizarro vencía y la conquista se afirmaba. El imperio volvía a estar en manos de los españoles.

Pero, ¿qué fue lo que sucedió con Manco Inca?

El líder derrotado huyó hasta llegar a Vilcabamba, donde intentó reconstruir su nación. Desde allí, siendo la máxima autoridad, ordenó una serie de ataques a los invasores, pero no pudo vencerlos. Llegó el año 1547 y unos españoles, que venían huyendo de las autoridades de Lima, se instalaron en Vilcabamba. Manco Inca les cedió un lugar con la intención de sumarlos a su ejército. Pero esa estrategia también salió mal. Estos españoles, que eran hombres del conquistador Diego de Almagro, lo mataron. Otra nueva traición, otra muerte.

Hubo otros jefes incas que siguieron la lucha de Manco Inca. El más conocido fue Túpac Amaru, quien terminó ejecutado en plena plaza de Cusco. Eso fue el 23 de septiembre de 1572, cuando el ejército español invadió Vilcabamba para dominar de manera definitiva a los nativos. Las tropas fueron reunidas por el virrey Toledo y se trató del ejército más numeroso de los conquistadores hasta ese entonces.

Pero, ¿quién era este virrey?

Francisco de Toledo, desde 1569, era la máxima autoridad de la corona en esa región y tenía la misión de dominar a los incas. Así fue que asesinó a Túpac Amaru, el último líder indígena. Este asesinato fue un golpe mortal para la rebelión incipiente, tuvo un efecto disciplinador y desalentó nuevas luchas. Desde que Pizarro había llegado a Perú, en 1533, hasta la ejecución de Túpac Amaru en 1572, pasaron más de cuarenta años. Eso fue lo que demoró la conquista definitiva del gran imperio inca. Una historia con muchos muertos, batallas, traiciones y un claro vencedor.

CAPÍTULO VI

En busca de la ciudad de Los Césares

Como ya hemos visto, el territorio con que se encontró Cristóbal Colón en su viaje hacia India, cambió el destino y la historia de España. Sin embargo, a pesar de que ya se sospechaba que había un continente desconocido, continuaron enviándose expedicionarios rumbo a Asia. ¿Para qué? Justamente, para recuperar las rutas comerciales con esa región. Uno de esos expedicionarios fue Juan Díaz de Solís, quien partió desde el puerto de la actual ciudad española de Cádiz, en octubre de 1515. Su objetivo era llegar a las islas Molucas, en plena Indonesia. Pero nunca encontró a las Molucas sino que se topó con una región del continente americano antes desconocido: la parte más al sur.

Veamos la historia de este aventurero, que pasó a la historia como el descubridor del Río de La Plata.

Muerte en el río de La Plata

Solís zarpó rumbo hacia la Polinesia, viajando con tres carabelas y más de sesenta marineros. En el primer tramo de la travesía, bordeó la costa donde actualmente está Brasil, pasando por la desembocadura de río de Janeiro. Pero como esas tierras eran propiedad de los portugueses, tal cual lo había determinado el Tratado de Tordesillas, continuó hacia el sur, siempre buscando un acceso directo hacia las islas de Indonesia. Así llegó a las costas de lo que actualmente es Uruguay. Era febrero de 1516. Allí Solís se animó a bajar y fundó la primera ciudad a la que bautizó como "Puerto de Nuestra Señora de la Candelaria", en lo que actualmente es la localidad uruguaya de Maldonado.

Permaneció allí poco siguió, siguiendo navegando siempre hacia el sur, hasta que se encontró con un río de agua dulce y ancho, muy pero muy ancho. Era nada más y nada menos que el río de La Plata, el más ancho del mundo. Solís lo llamó "Mar Dulce". Se internó en él, hasta que tuvo la idea de acercarse a una costa. Decidió bajar con seis tripulantes sin intuir siquiera lo que le iría a pasar.

¿Y qué fue lo que les sucedió?

Apenas pisaron tierra, unos nativos los atacaron, sin mediar ningún diálogo. El ataque fue tan certero como rápido. ¡Y descuartizaron los españoles, ante la mirada impotente del resto de los tripulantes de las carabelas! No sólo los descuartizaron sino que los comieron allí mismo. Así murió el descubridor del Río de La Plata, a manos de una tribu conocida como los charrúas.

Los que sobrevivieron, regresaron a España, en septiembre de 1516. Volvieron sanos y salvos y con una noticia: había un acceso a un lugar desconocido, hacia el sur del Brasil y tomando por el océano Atlántico. Esa información alertó a la corona española y de inmediato, se pensó en una nueva expedición a esa región. Nada había que dejar sin explorar, siempre con la idea de obtener riquezas de las nuevas tierras. Y oro, siempre tras el oro. ¿Y quién fue el elegido para seguir los pasos de Solís? Un tal Hernando de Magallanes.

Se trataba de un navegante portugués, que pertenecía a una familia noble. A pesar de esto, se animó a recorrer aguas desconocidas con los riesgos que implicaba, tan es así, que le costó la vida en tierras lejanas.

Pero, ¿por qué su viaje fue tan importante? La respuesta está en la historia de su expedición.

Magallanes continuó la ruta trazada por Solís, saliendo del puerto de Sevilla, en agosto de 1519, para llegar a Río de Janeiro, cuatro meses después. Como su antecesor, también quería encontrar la ruta hacia las islas Molucas. Sin embargo, en marzo de 1520 recién estaba merodeando por el famoso Río de La Plata. Pero el portugués buscaba otra ruta y continuó bajando hacia el sur, a pesar del hambre que padecía su tripulación y el paisaje desértico que veía a sus alrededores. A pesar de todo esto, siguió navegando hasta que encontró un estrecho que conducía al océano Pacífico. Es decir, un estrecho que comunicaba el océano Atlántico con el Pacífico que hoy lleva el nombre de Magallanes en su homenaje.

Atravesado el estrecho, siguieron rumbo a las ya famosas islas Molucas, navegando ya por el océano Pacífico. El trayecto se hizo largo, muy largo y penoso. La hambruna atacó a varios de los tripulantes y muchos fueron quedando en el camino. Sin embargo, el portugués continuó con la expedición y llegó a las islas Filipinas, en el actual continente de Asia.

¿Y que fue lo qué pasó allí?

El 27 de abril de 1521, Magallanes murió en un combate con una tribu de la isla. Otro expedicionario que moría en manos de los nativos. Se hizo cargo de la expedición su segundo, Sebastián Elcano, que luego de muchas penurias pudo regresa a España, completando la primera vuelta al mundo, prueba irrefutable de que éste era redondo.

La ruta que había indicado Solís la siguieron frecuentando otros navegantes. En parte, porque se decía que había una ciudad, por la región del río de La Plata, que escondía una inmensa cantidad de riquezas en oro y plata. Era tan popular el rumor que hasta se le puso nombre: la ciudad de Los Césares. Hacía allí se dirigieron una gran cantidad de expedicionarios, internándose en el sur del continente, en busca del fabuloso botín. Uno de ellos fue nada menos que Pedro de Mendoza, perteneciente a una familia noble de España que partió de Sanlúcar de Barrameda, en agosto de 1535, y en enero de 1536 ya había llegado al Río de La Plata. Luego continuó el viaje, pasó por Colonia y en una costa descendió, para fundar una nueva ciudad que bautizó como "Santa María del Buen Ayre", la misma que luego pasaría a llamarse Buenos Aires. Estamos hablando de la primera fundación de la hoy capital de Argentina.

La estadía en esta región de América resultó muy hostil. Fueron atacados por los indígenas que la habitaban y, además, sufrieron una gran hambruna a la que no le encontraron solución. Y se contagiaron muchas enfermedades, en muchos casos mortales.

Hasta que decidieron retirarse.

Pedro de Mendoza no pudo llegar a España. Murió en junio de 1523, en medio del mar, debido a la sífilis, una de las enfermedades que padecía la tripulación. Santa María del Buen Ayre fue saqueada por los indígenas, y por eso, Buenos Aires se debió fundar por segunda vez. Y el que lo hizo fue Juan de Garay en 1580. Este expedicionario, además, exploró esa parte de América del Sur. Recorrió el interior de la actual Argentina, así fue que fundó la ciudad de Santa Fe, en 1573. Siete años después, más al sur de esa región, fundaba por segunda vez Buenos Aires.

La pregunta que queda por resolver es si acaso encontraron la ciudad de Los Césares, repleta de riquezas. Era imposible, porque nunca existió pero el continente ofreció a los españoles una riqueza nunca pensada siglos antes. Seguramente, de allí surgió la leyenda o mito de la fabulosa ciudad repleta de oro y plata. Podemos animarnos a afirmar que ese fue uno de los motivos principales de que tantos navegantes se aventuraran a cruzar el océano para llegar a tierras desconocidas y padecieran todo tipo de peligros. Lo cierto es que fueron varias las expediciones que continuaron encontrando oro, plata y otras riquezas, y una de sus consecuencias fue la seguidilla de fundaciones de ciudades, parte fundamental de la conquista española.

CAPÍTULO VII

Lo que nos dejaron los españoles

Entre las islas de América Central y la ciudad de Buenos Aires hay una inmensa extensión de tierra. Todo ese gigantesco territorio, en un lapso de décadas, quedó bajo el poder de los españoles, tal como ya hemos visto.

Pero... ¿cómo hicieron para controlar tamaña conquista?

La Casa de Contratación, institución que se encargaba de los asuntos de la América hispana, dividió el territorio en diferentes virreinatos. Cada uno de éstos gobernaba una región determinada y atendía sus problemas, es decir estaba a cargo de la administración.

La máxima autoridad de cada virreinato era el virrey y era nombrado por la corona española, a quien le rendía cuentas. Los dos virreinatos que se fundaron primero fueron el de Nueva España y el del Perú. El de Nueva España tenía su centro en México y se creó en el año 1535. El del Perú se creó en 1542, su centro era Lima, actual capital de ese país sudamericano. Claro que esos dos primeros virreinatos se asentaron donde antes estaban los imperios incas y aztecas. Nada era casualidad.

Con el tiempo, es decir con el avance de las actividades económicas y el aumento del asentamiento de los conquistadores, fue necesario crear más virreinatos. El último en fundarse fue el del Río de La Plata, en 1776, cuyo centro fue Buenos Aires. La organización política en América tomaba la forma impuesta por los españoles. Por ejemplo, una institución muy importante fue el Cabildo.

¿Y qué era el Cabildo?

Era la institución que se encargaba de los asuntos de una ciudad y por eso, por cada virreinato había muchos cabildos, algo parecido a lo que hoy conocemos como municipalidades.

Muchos de estos cabildos estaban integrados por criollos, es decir, personas nacidas en América y no solamente por españoles, y siguieron funcionando durante mucho tiempo, incluso años después de que el continente se independizara de España. Alrededor de los cabildos se desarrollaron muchas de las ciudades más importantes del continente.

¿Y qué más quedó del paso de los conquistadores por estas tierras?

Veamos un poco de esta historia, no tiene desperdicios.

Aquí y allá, América y España

Los españoles tuvieron una gran influencia en las culturas latinoamericanas, una influencia que llega hasta nuestros días. Recordemos que el catolicismo es la religión que predomina en el continente y fue impuesta a nuestros pueblos, que eran politeístas, por los conquistadores. El idioma castellano, también llegó de la mano de los invasores. En algunas regiones se continúa hablando la lengua originaria, como el guaraní, el quechua y el mapuche en el sur de Argentina, sin embargo, el castellano se adoptó como el idioma oficial de toda la América hispana. También fue impuesto el calendario gregoriano, el mismo que se utiliza actualmente. Otro legado fue la organización de las ciudades, desde sus fundaciones hasta algunas de sus instituciones. Muchas son las que aún mantienen algunos edificios de la época colonial, por ejemplo, las iglesias y catedrales, los cabildos y algunas universidades.

Y más, mucho más dejaron los españoles.

El caballo, un animal que forma parte de nuestro paisaje, llegó en los barcos de los conquistadores, siendo fundamental en las batallas como instrumento guerrero, ayudando a vencer los ejércitos nativos mucho más numerosos, pero que no conocían a este animal ni las armas de fuego, porque la pólvora no existía en estas tierras. Y las vacas también bajaron de sus barcos, reproduciéndose con facilidad en las grandes llanuras.

Otro aporte fundamental de los expedicionarios fue que hicieron conocer en esta parte del mundo varios alimentos: el limón, un fruto muy usado en los viajes largos por sus propiedades curativas, granos como el trigo, el azúcar y una importante variedad de frutas y verduras, que se adaptaron con facilidad al territorio americano.

Pero, también trajeron muchas enfermedades, desconocidas hasta que arribaron, que causaron miles y miles de muertos. Algunas de ellas fueron la viruela, el tifus, el sarampión y la gripe.

Y, no nos olvidemos de los nombres. Muchos de los que hoy conocemos son otra herencia hispana. ¡Hasta bautizaron el continente como "América". Además de aportar las denominaciones para las ciudades que fundaban y para los pueblos originarios. Otro dato: con la gran población española que

decidió vivir en América, también se dispersaron sus apellidos. Centenares de ellos hoy forman parte de nuestras sociedades y sus orígenes hay que buscarlos en esos siglos de conquista.

Pero, los españoles... ¿se llevaron algo a Europa? La respuesta es sí, y en grandes cantidades. Varios alimentos pasaron a formar parte de las comidas diarias en Europa, alimentos que sólo existían en América, por ejemplo, el tomate, la papa, el cacao, el maíz, la batata, ¡y hasta el tabaco! Las grandes cantidades de oro y plata extraídas, fueron una inmensa riqueza que pasó a Europa. El oro, que tanto obsesionó a los conquistadores, pasó a ser un metal para usos de lujo, por ejemplo, para decorar palacios y museos. Con la plata se acuñó buena parte de las monedas que circularon por el viejo continente.

Partimos desde las islas de América Central, pasamos por el corazón del Imperio inca, y llegamos hasta el borde del Río de La Plata. Un viaje entretenido, donde abundan las aventuras y las sorpresas. Y todo para contar cómo fue que los españoles llegaron al continente y se apropiaron de buena parte de América.

Hemos hablado de un viaje que nos permitió conocer un poco más de nuestra historia.

Índice

OTROS TÍTULOS DE ESTA COLECCIÓN

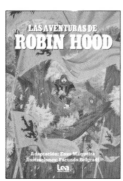
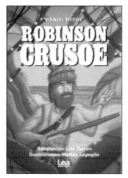

www.edicioneslea.com